La **méditation**, c'est **bon** pour les **enfants**

Une partie des bénéfices de ce livre ira
à la Mind Care International Foundation.

Basé sur :
Zacht

First published by Borgerhoff & Lamberigts, Belgium, in 2021

Pour la traduction française :

3, rue Auguste-Comte, 75006 Paris
www.odilejacob.fr

ISBN 978-2-4150-0671-6

Dr Steven Laureys

avec Vanessa Charland-Laureys

La **méditation**, c'est **bon** pour les **enfants**

Illustrations Cliff Laureys

Odile Jacob

Sommaire

Introduction

Bienvenue dans le monde fascinant de la méditation pour les enfants, une exploration passionnante de pratiques bienfaisantes qui transcendent les générations. Comme c'est excitant de présenter ce livre ! Il est le fruit de la collaboration et de l'expertise de nombreux collaborateurs : les beaux dessins de mon frère Cliff, les belles histoires et l'expertise clinique de mon épouse Vanessa et de toute l'équipe d'Odile Jacob et de Borgerhoff & Lamberigts.

Comme vous le savez peut-être, dans *La Méditation, c'est bon pour le cerveau* – qui est depuis devenu un best-seller international et a été traduit dans plus de quinze langues –, j'explique que la pleine conscience est bonne pour votre bien-être mental. Nous avons pu le déterminer nous-même grâce à nos scanners cérébraux réalisés chez des maîtres zen et des moines bouddhistes, dont nos bons amis Matthieu Ricard et Lama Zeupa, mais aussi chez des athlètes, des artistes et des entrepreneurs.

Il est intéressant de noter que plusieurs études scientifiques ont effectivement exploré les effets de la méditation sur le cerveau, mettant en évidence des avantages potentiels, notamment en matière de neuroplasticité. La neuroplasticité se réfère à la capacité du cerveau à se remodeler en réponse à l'expérience et à l'apprentissage. Chez les enfants, le cerveau est particulièrement malléable, et les expériences précoces peuvent avoir un impact significatif sur le développement neuronal. Des recherches suggèrent que la méditation peut influencer positivement la structure et la fonction du cerveau, même chez les enfants.

Les avantages potentiels de la méditation chez les enfants incluent :

1. l'amélioration de l'attention et de la concentration : la méditation peut aider à renforcer la capacité des enfants à se concentrer sur une tâche donnée ;

2. la réduction du stress : la méditation est souvent associée à la réduction du stress, ce qui peut être particulièrement bénéfique chez les enfants confrontés à des pressions diverses ;

3. la promotion du bien-être émotionnel : certaines études suggèrent que la méditation peut contribuer à la gestion des émotions et à la promotion d'un état émotionnel positif ;

4. le développement de la régulation émotionnelle : la méditation peut aider les enfants à développer des compétences pour réguler leurs émotions et réagir de manière plus adaptative aux défis de la vie quotidienne ;

5. des changements dans la structure cérébrale : des études d'imagerie cérébrale ont indiqué que la méditation pourrait avoir des effets sur la structure du cerveau, y compris des changements dans la densité de matière grise et la connectivité cérébrale.

C'est pourquoi nous avons imaginé ce petit livre pratique, illustré, inspiré d'exercices de méditation, de pleine conscience, d'hypnose et de yoga qui s'adresse aux filles et garçons à partir de 3 ans, et à leurs parents !

Il est cependant essentiel de noter que la recherche sur ce sujet est en constante évolution, et il est toujours recommandé de consulter un professionnel de la santé en cas de problème médical ou de symptôme qui impacte le bon fonctionnement journalier de l'enfant à l'école ou à la maison. De plus, la méditation ne devrait pas être considérée comme une solution unique, mais plutôt comme un complément d'autres pratiques de soins de santé mentale et physique.

Alors que nous gardons notre corps en forme en faisant du sport, que nos enfants ont des cours d'éducation physique obligatoires à l'école, pourquoi faisons-nous si peu pour stimuler leur bien-être émotionnel et pourquoi l'école ne le favorise-t-elle pas davantage, en intégrant dans ses programmes, des cours de méditation qui font tant pour la confiance en soi de l'enfant ?

Je suis convaincu que, dans une génération ou deux, nous regarderons en arrière et regretterons de ne pas avoir suffisamment œuvré pour développer le bien-être mental et émotionnel de nos enfants. Et je ne parle pas seulement de la méditation, mais aussi de nos habitudes de vie en général, incluant la qualité de leur sommeil, de leurs relations sociales, de leur alimentation...

En tant que neurologue et scientifique du cerveau, mais aussi en tant que père de cinq enfants, je pense que nous devrions y prêter attention beaucoup plus tôt dans nos vies. À l'école, les enfants apprennent trop peu sur leur bien-être émotionnel, l'empathie et l'intelligence sociale. Bien sûr, les réseaux sociaux, l'intelligence artificielle, la réalité virtuelle immersive et d'autres technologies sont importantes, mais le défi me semble – et la crise du Covid en a été une bonne illustration – de se reconnecter avec notre humanité. Pour mieux prendre soin de nous et des autres formes de vie sur notre planète. Pour commencer à vivre de manière plus consciente.

Je pense que nous pourrions et que nous devrions nous concentrer davantage sur nos besoins émotionnels et celui des enfants.

Ma collègue et amie américaine, le docteur Susan Whitfield, du célèbre Massachusetts Institute of Technology (MIT), a récemment publié des conclusions selon lesquelles la pleine conscience a des effets visiblement positifs chez les enfants. Effets qu'elle a pu déterminer grâce à des scanners cérébraux. En Belgique, nous étudions également – avec l'étude « Bien dans ta peau » – l'effet de la méditation sur le bien-être psychologique de centaines d'étudiants.

En lien avec notre engagement en faveur de la méditation, je souhaite partager une découverte récente issue d'un article que nous avons publié dans *PLoS One* en novembre 2023. L'article, intitulé « Doing what matters in times of stress » (« Faire ce qu'il faut en période de stress »), explore les avantages de la méditation axée sur l'attention, une technique couramment utilisée dans les interventions de pleine conscience.

Cette étude a été menée en pleine pandémie de Covid-19, impliquant 199 enseignants qui ont pratiqué la méditation avec leurs élèves chaque matin pendant six mois. Les résultats sont éloquents : la méditation non seulement améliore le bien-être émotionnel et physique des enseignants, mais elle prévient également le développement de problèmes de bien-être cognitif observés dans un groupe témoin de 42 enseignants.

Ces conclusions illustrent que la méditation peut non seulement améliorer notre santé mentale, mais aussi prévenir le développement de problèmes de bien-être, une constatation particulièrement pertinente dans le contexte éducatif. Dans ce livre, nous partageons ces idées avec les parents et les adultes qui jouent un rôle crucial dans la vie des enfants en les encourageant à pratiquer la méditation comme un moyen de les guider vers une vie consciente et émotionnellement équilibrée.

Nous sommes très chanceux d'avoir cinq enfants en bonne santé et nous apprenons énormément d'eux. Mon aînée a 24 ans, la plus jeune 4 ans. La méditation est un sujet dont nous parlons à la maison depuis environ dix ans maintenant. De la part de mes ados, mais aussi des patients et des élèves, quand je donne des conférences à l'école, j'entends souvent dire : « Je ne veux pas participer à ces âneries. » Mais quand on fait de simples exercices de méditation ensemble, je remarque qu'ils en profitent et sont motivés à faire plus de « pleine conscience », simplement parce que ça leur fait du bien, parce que ça apporte du calme dans leur esprit. Je suis convaincu que nous sommes tous, enfants, des *maîtres zen* par nature, mais qu'ensuite nous oublions cette capacité pendant nos longues années scolaires et nos carrières professionnelles exigeantes. Cependant, la méditation est en chacun de nous, et je vous invite ici à la redécouvrir et à la pratiquer en famille.

Des bénéfices reconnus pour le bien-être global des enfants

La littérature scientifique sur la méditation chez les enfants met en évidence une gamme diversifiée de bénéfices cognitifs, émotionnels et physiologiques. Des études récentes ont démontré que la pratique régulière de la méditation, adaptée à l'âge des enfants, peut avoir des impacts positifs significatifs sur leur bien-être global.

Plusieurs recherches ont montré que la méditation aide les enfants à développer des mécanismes de gestion du stress et de l'anxiété.

En enseignant la méditation de pleine conscience aux enfants, on les guide vers une pratique qui va au-delà de la simple relaxation. Il s'agit de les sensibiliser à l'instant présent, de développer leur conscience sensorielle et de les encourager à cultiver une attention bienveillante envers leurs propres expériences internes. Les techniques simples de pleine conscience peuvent inclure des exercices de respiration consciente, où l'enfant apprend à diriger son attention sur sa respiration, à sentir l'air entrer et sortir de ses poumons.

En encourageant les enfants à être attentifs à leurs ressentis, à leurs sensations et à leurs émotions, la méditation de pleine conscience les aide à développer une compréhension plus profonde de leurs états internes. Cela inclut la reconnaissance et l'acceptation des pensées et des émotions sans jugement, favorisant ainsi l'équilibre émotionnel. La pratique régulière de ces techniques peut également contribuer à réduire les niveaux de cortisol, l'hormone du stress, en favorisant un état de calme et de relaxation.

Par conséquent, la méditation de pleine conscience devient une compétence précieuse pour les enfants, les aidant à développer une meilleure régulation émotionnelle, une plus grande concentration et une capacité à faire face au stress de manière plus constructive. En intégrant ces pratiques dans leur quotidien, les enfants peuvent bénéficier d'un outil puissant pour cultiver leur bien-être mental et émotionnel tout au long de leur vie.

D'autres études ont révélé que la pleine conscience peut améliorer la concentration et la mémoire chez les jeunes enfants et les adolescents. Ces compétences cognitives accrues peuvent avoir des implications positives sur les performances scolaires et la réussite académique. La pratique de la méditation encourage aussi le développement de qualités sociales telles que l'empathie et la compassion. Les enfants qui méditent font preuve d'une plus grande sensibilité aux émotions des autres, favorisant des relations sociales plus saines. Certaines recherches indiquent que la méditation peut contribuer à la diminution des comportements agressifs chez les enfants. Cette amélioration du comportement social peut favoriser un environnement éducatif plus positif. Des études longitudinales ont suggéré que la méditation chez les enfants peut jouer un rôle préventif dans le développement de problèmes de santé mentale à l'adolescence et à l'âge adulte. Elle pourrait contribuer à renforcer la résilience mentale. Les recherches utilisant des techniques d'imagerie cérébrale ont révélé des modifications neurologiques chez les enfants qui méditent, y compris des changements dans les zones du cerveau associées à la régulation des émotions et à la prise de décision. Certains travaux ont suggéré que la méditation pourrait contribuer à améliorer la qualité du sommeil chez les enfants, favorisant ainsi leur bien-être global.

Il est important de noter que la plupart des études soulignent l'importance d'adapter les techniques méditatives à l'âge et au développement cognitif des enfants. En résumé, la littérature scientifique témoigne des nombreux avantages potentiels de la méditation pour promouvoir le bien-être intégral des enfants, encourageant ainsi l'intégration de ces pratiques dans les contextes éducatifs et familiaux.

Apprendre à prendre soin de soi

En tant que neurologue et père de famille, je plaide en faveur d'une attention précoce à notre bien-être mental et affectif. À l'école, nos enfants devraient en apprendre davantage sur leur bien-être émotionnel, l'empathie et l'intelligence sociale. Dans un monde où les avancées technologiques s'accélèrent, il est essentiel de se reconnecter avec notre humanité. La crise du Covid-19 nous a rappelé cette nécessité, mettant en évidence l'importance de prendre soin de nous-mêmes et des autres formes de vie sur notre planète.

Certains peuvent penser que leurs enfants sont trop agités pour méditer, ou qu'ils ne peuvent pas rester assis. J'entends souvent dire : « Mes enfants sont trop nerveux pour méditer », ou encore : « Ils ne peuvent pas rester assis. » C'est pourquoi nous avons développé, à partir de petites histoires inspirées par les scènes de la vie quotidienne, une série d'exercices très simples, ludiques et facilement réalisables. Les études scientifiques nous apprennent que la méditation peut aider les enfants à gérer différemment le stress, à être plus concentrés, à devenir plus créatifs, à être plus tolérants envers les autres, mais aussi – et surtout – à être plus doux et bienveillants envers eux-mêmes.

Poser la main sur son ventre de temps en temps et respirer calmement est une chose que vous pouvez apprendre à vos enfants à un âge assez jeune. Allez-y progressivement, faites ce que vous pouvez et amusez-vous ! La méditation n'est vraiment pas si difficile...

En conclusion, je tiens à exprimer ma gratitude envers ceux qui ont choisi ce livre, rejoignant ainsi la communauté grandissante qui s'efforce d'éveiller et de révolutionner l'éducation de nos enfants. Ensemble, nous pouvons offrir à nos enfants un précieux cadeau en les guidant vers une vie consciente, émotionnellement équilibrée et enrichissante.

Steven Laureys, époux, père, neurologue
et neuroscientifique.

Chers parents,

Chers adultes qui êtes si importants dans la vie de nos petits,

Tout d'abord, je suis très heureuse que ce projet devienne une réalité ! En tant que mère, neuropsychologue et coach de pleine conscience, je rêve de pouvoir contribuer à l'adoption d'une culture de la pleine conscience dans nos maisons et nos écoles. Ce livre est bien sûr dédié à nos enfants, mais aussi aux parents et aux autres adultes significatifs qui font partie de leur vie. En tant que parent, nous savons à quel point notre santé mentale est importante pour le bien-être de nos enfants, car c'est nous qui leur donnons le premier exemple par l'éducation. Nous ne pouvons pas nous attendre à ce que nos enfants se sentent bien dans leur peau si nous sommes nous-mêmes tendus, déprimés ou à bout de nerfs. C'est comme dans un avion : pour aider nos enfants, il faut d'abord mettre soi-même un masque à oxygène ! Les enfants surveillent constamment nos réactions et nos comportements, ils sont comme des « éponges » qui absorbent nos différentes émotions. C'est pourquoi l'implication des parents est essentielle lors du démarrage des pratiques de méditation et de pleine conscience à la maison.

J'ai moi-même commencé à intégrer la méditation dans mon quotidien il y a quelques années et, petit à petit, j'ai constaté ses effets bénéfiques (et surtout les effets moins bénéfiques lorsque je ne médite pas). Pour vous donner quelques exemples, la méditation me permet de m'éloigner un peu de mes pensées et de mes émotions, comme si je regardais le film de ma vie. J'ai aussi plus de facilité (mais pas toujours !) à lâcher prise et à réagir moins personnellement aux aléas de la vie ou aux humeurs de mon entourage. Il est difficile d'avoir une conversation raisonnable avec un enfant fatigué et en crise. Plus le parent est stressé, moins l'enfant aura tendance à se calmer. Personnellement, la pratique de la méditation et de la pleine conscience (principalement *via* l'ancrage de la respiration) me donne la possibilité de faire une pause avant d'agir ; la respiration m'offre un choix d'actions auquel je n'ai pas accès en mode « réaction ». En d'autres termes, ces pratiques m'aident à répondre de manière consciente au lieu de réagir de manière automatique et inconsciente. Être parent, c'est incroyablement beau, mais ça peut aussi être incroyablement difficile et épuisant.

À l'aide de petites histoires et de métaphores, ce livre vise à motiver les enfants et les familles à intégrer des pratiques de méditation et de pleine conscience dans leur vie, sans nécessairement les étiqueter comme telles. Par exemple, les problématiques de stress, d'anxiété et d'inattention touchent de plus en plus d'enfants. Je crois sincèrement que la pratique quotidienne est un des plus beaux cadeaux que l'on peut leur faire et à notre société. J'adore cette citation du dalaï-lama : « Si nous apprenions la méditation aux jeunes enfants dès l'âge de 8 ans, nous pourrions éliminer la violence dans le monde en une génération. » Ainsi, plus tôt nous commençons à méditer, plus les effets sont puissants ! Imaginez si nous pouvions aider à sensibiliser nos enfants : qu'ils apprennent à mieux se connaître, qu'ils deviennent des êtres plus compatissants, sensibles et empathiques. Mais aussi qu'ils puissent apprendre à reconnaître les sensations physiques liées à leurs émotions et découvrir quelles sont leurs propres limites, qu'ils apprennent à identifier leurs émotions afin de mieux les exprimer, qu'ils puissent tester des stratégies afin de réguler leurs émotions fortes, qu'ils réussissent à communiquer leurs besoins de manière claire, qu'ils puissent apprendre à résoudre les conflits avec respect... La méditation peut leur permettre de construire leur cerveau dans cette direction.

Avec ce livre, vous pourrez introduire doucement la méditation à la maison comme un rituel régulier. Par exemple, en choisissant un endroit calme et confortable et le moment de la journée qui convient le mieux aux membres de la famille. On peut aussi saupoudrer nos journées de petits moments de pleine conscience, au dîner quand on choisit de manger ensemble consciemment une bouchée à la fois ou bien lors d'une balade dans la nature afin d'éveiller nos sens et se connecter à l'« ici et maintenant ». Ce qui peut être aussi intéressant, c'est de cultiver des moments d'écoute consciente. Il s'agit ici d'écouter l'autre, sans vouloir le confirmer ou le contredire et sans vouloir lui proposer des conseils. Être simplement là l'un pour l'autre. Pour cet autre, être vraiment entendu lui apporte une grande satisfaction. Ces moments aident à renforcer les liens et l'intimité de votre relation.

Enfin, nous tenons à vous remercier d'avoir choisi ce petit livre et d'avoir rejoint la communauté grandissante des personnes qui s'efforcent chaque jour d'éveiller et de révolutionner l'éducation de leurs enfants. Je vous souhaite beaucoup de bonheur et de nombreux moments de partage.

Vanessa Charland-Laureys, épouse, mère, neuropsychologue.

Chers parents,

Nous vous invitons à prendre part
à un voyage extraordinaire au cœur
de la méditation pour enfants,
une pratique qui éveille la conscience
émotionnelle et encourage
la paix intérieure.

Au travers de neuf histoires de méditation,
nous souhaitons apporter à votre famille
des outils supplémentaires de bienveillance
et, surtout, la magie de vivre pleinement
le moment présent!

La méditation, c'est bon pour... **apaiser la colère**

Chers parents,

Bienvenue dans cette première histoire, où nous explorerons comment la méditation peut agir sur notre esprit, en nous appuyant sur l'histoire captivante de « La boule à neige » pour illustrer ses bienfaits.

La méditation, souvent associée à la quête de calme et d'équilibre intérieur, n'est pas réservée aux adultes. Les enfants, même les plus turbulents, peuvent également bénéficier de cette pratique. « La boule à neige » nous offre une porte d'entrée ludique dans ce monde, en suivant les péripéties de Louis, un enfant en proie à la colère face à un repas qui ne correspond pas à ses attentes.

Le déclenchement de la colère

Le récit commence par un épisode que de nombreux parents peuvent trouver familier. L'enfant confronté à une déception culinaire, explose de colère, claquant la porte et exprimant son mécontentement de manière bruyante. Les enfants, tout comme les adultes, sont sujets à des émotions fortes, et ici nous explorons comment la méditation peut les aider à canaliser leurs sentiments tumultueux.

L'intervention calmante de l'exercice de méditation

La présence du chat, un guide sage, introduit la méditation comme une réponse apaisante à la colère de Louis. L'image de la boule à neige devient une métaphore visuelle puissante pour expliquer le processus de méditation aux enfants. Comme les flocons qui retombent doucement dans la boule, les émotions fortes telles que la colère « retombent » également avec le temps.

L'expérience méditative avec les enfants

À travers une méditation simple, l'exercice guide l'enfant dans une activité de visualisation. Les autres enfants de la fratrie participent à l'expérience. La chambre, qui était emplie de tensions, redevient un lieu de calme et de sérénité.

La découverte de la tranquillité intérieure

La méditation offre à l'enfant une pause pour réfléchir et observer ses émotions. Il découvre que la colère s'apaise naturellement, laissant place à une tranquillité intérieure. C'est un enseignement précieux pour les enfants leur montrant qu'il est possible de maîtriser les émotions tumultueuses et de retrouver la paix intérieure.

L'acceptation et la douceur

À la fin de l'histoire, l'enfant comprend que la colère s'est transformée et il ouvre son cœur à l'acceptation. C'est un puissant message pour les enfants : la méditation n'élimine pas les émotions, mais elle offre un moyen de les comprendre, de les accepter et de les laisser passer.

En conclusion, l'histoire de « La boule à neige » vous offre à vous, parents, une introduction engageante à la méditation avec vos enfants. Préparez-vous à les accompagner dans une aventure méditative où la sagesse du chat, maître de méditation, et la magie de la boule à neige les guideront vers la découverte de l'équilibre intérieur.

Conseils pratiques

• Profitez des moments calmes avant le coucher ou pendant la journée pour introduire de courtes séances de méditation avec vos enfants.

• Apprenez à vos enfants à être présents dans le moment en se concentrant sur leur respiration et en observant leurs émotions sans jugement.

• Aménagez un coin paisible dans la maison où les enfants peuvent se retirer pour méditer ou simplement se détendre.

Vers un esprit plus calme!

La boule à neige

« Non, Louis. Pas de pizza, dit maman. Ce midi, nous mangeons une salade de riz avec des œufs et des haricots. Tu aimes ça aussi, n'est-ce pas? »

Louis ne veut pas de salade de riz, il voulait manger une bonne pizza. Il claque la porte de la cuisine et monte les escaliers.

Margot court après lui. **« Pourquoi es-tu en colère, Louis? »** demande-t-elle.

« Ce n'est pas juste!, crie Louis. La pizza est mon plat préféré. Je ne veux pas du tout de riz avec des œufs et des haricots. Bah! »

Margot ne comprend pas, elle aime tout. « Tu ne peux pas manger de la pizza tous les jours, dit-elle en riant. Tu vas bientôt te transformer en pizza! »

Mais Louis ne trouve pas ça drôle. Il se met encore plus en colère et jette un oreiller sur sa sœur.

Bang! Sur sa tête.

P'tit Chat est assis sur le rebord de la fenêtre. **« Doux, doux »**, dit-il calmement. C'est normal de parfois ressentir la colère. Mais tu ne peux pas simplement claquer la porte ou jeter des choses.

« Bof, grogne Louis. Et qu'est-ce que je dois faire alors? »

« Tu vois cette boule à neige? » demande P'tit Chat. Il montre la boule en verre sur la table.

Louis regarde la boule.

« Quand tu secoues une boule à neige, tu ne vois plus que des flocons de neige et le reste disparaît. Mais, après un certain temps, les flocons retombent et tu peux voir ce qu'il y a en dessous. Quand tu ressens de la colère, c'est pareil. »

Louis réfléchit profondément. « Alors si j'attends un peu, ma colère va s'apaiser? »

Le chat hoche la tête. « C'est comme ça. **Ta colère est une émotion qui ne durera pas.** Ferme simplement les yeux et pense aux flocons. Un par un, ils descendent. Lentement mais sûrement. Et ton sentiment de colère aussi. La colère est toujours là, mais elle est descendue. Comme un tapis de neige au fond de la boule. »

Louis s'allonge sur le lit et ferme les yeux.

« Je veux essayer aussi! » crie sa sœur Margot.

Charlie, le petit chien participe également. En remuant la queue, il s'allonge à côté de Margot sur le tapis.

« Tu vois les flocons tomber? » demande P'tit Chat.

Louis acquiesce. Il peut voir la neige tourbillonner. Avec chaque flocon qui tombe, il est un peu moins en colère.

« Je le vois aussi », dit Margot.

Charlie ne voit rien, mais sur le tapis à côté de Margot il est vraiment heureux. Il lui lèche le visage.

« C'est la même chose avec la mer, dit le chat. En surface les vagues sont parfois sauvages, mais en dessous c'est calme. »

Quelques instants plus tard, la chambre est redevenue une pièce apaisante. Margot et Charlie se font des câlins, Louis est allongé sur son lit.

Il s'assoit. « La colère s'est apaisée, dit-il. Et en fait, j'aime bien le riz avec des œufs et des haricots... »

La méditation, c'est bon pour... **surmonter sa peur**

Chers parents,

Bienvenue au deuxième chapitre de notre exploration méditative pour enfants où nous plongeons dans l'histoire captivante de Margot et découvrons comment la méditation peut être un puissant outil pour surmonter la peur. Dans cette aventure, vous allez guider l'enfant à travers une méditation apaisante qui transforme ses craintes en un havre de paix intérieure.

L'apparition de la peur

Nous retrouvons l'enfant assise en haut des escaliers menant à la cave, paralysée par la peur. L'obscurité et l'odeur du sous-sol alimentent son imagination, créant des images effrayantes, dont celle d'un possible monstre vivant sous les escaliers.

L'intervention bienveillante de la méditation

Le chat, toujours sage et bienveillant, explique que la peur est une émotion normale et offre une perspective réconfortante. Il invite l'enfant à utiliser son cerveau d'une manière différente pour surmonter sa peur.

La méditation apaisante

On guide l'enfant dans une méditation où il est invité à choisir un endroit agréable dans son imagination. Là, il peut se sentir en sécurité et apaisé. L'histoire nous enseigne la puissance de la visualisation pour transformer notre état émotionnel. À travers la méditation, l'enfant parvient à créer sa bulle de protection où il se sent en complète sécurité ; ici le havre de paix protecteur de Margot est un souvenir de vacances à la plage. Mais libre à chacun de trouver le sien !

La création d'un havre de paix intérieur

La méditation offre à l'enfant un moyen de reprogrammer son cerveau pour surmonter la peur. L'exercice de méditation encourage l'enfant à explorer mentalement son endroit choisi, en le parcourant et en ressentant chaque détail. Ce processus crée une bulle protectrice dans laquelle il peut se réfugier chaque fois qu'il ressent des émotions négatives.

Le pouvoir de la bulle imaginaire

La méditation de l'enfant illustre le pouvoir de la bulle imaginaire comme un instrument puissant pour apaiser l'esprit. Il est important de souligner que cet espace mental peut être utilisé chaque fois que l'enfant en ressent le besoin, offrant une échappatoire réconfortante aux moments d'angoisse.

L'inclusion d'un autre enfant

Le chat, professeur de méditation, toujours soucieux du bien-être de chacun, accepte la demande de l'enfant d'inviter un autre personnage dans sa bulle imaginaire. Cette possibilité d'inclure quelqu'un d'autre souligne la flexibilité et la personnalisation qu'offre la méditation, montrant que chacun peut adapter la pratique à ses besoins spécifiques.

En conclusion de ce chapitre, l'histoire du havre de paix illustre parfaitement comment la méditation *via* l'imagerie mentale peut être un moyen efficace pour les enfants de surmonter la peur et de créer un refuge intérieur, tranquille et calme.

Vers une meilleure assurance de soi!

Un havre de paix

Margot est assise en haut des escaliers qui mènent à la cave. Elle regarde en bas. Maman lui a demandé d'aller chercher une boîte de petits pois. Mais Margot a peur.

Elle n'aime pas le sous-sol. Même avec la lumière allumée, il semble toujours faire sombre et ça sent un peu mauvais. Il doit y avoir des choses effrayantes là-dedans, pense Margot. Il pourrait même y avoir **un monstre vivant sous les escaliers** !

Charlie est assis à côté d'elle et remue la queue. Chaque fois que Margot soupire, il lui lèche le visage. C'est gentil, mais ça n'aide pas. Margot a maintenant tellement **peur** qu'elle se met à pleurer.

Juste à ce moment, Louis entre dans le couloir.

« Tu pleures encore? lui lance-t-il. Tu n'es pas un peu trop grande pour ça, Margot? Qui croit encore aux monstres? »

P'tit Chat se joint à eux.

« Il n'y a pas de monstres là-bas, dit-il en guise de consolation. Mais tu peux ressentir la peur, ça n'est pas grave. Parfois notre cerveau nous joue des tours et nous fait imaginer des choses qui n'existent pas. »

« Tu ne peux pas l'aider à surmonter sa peur, P'tit Chat? » demande Louis.

« Bien sûr, dit-il en se léchant la patte avant droite. Ferme les yeux Margot, on va utiliser ton cerveau autrement. Imagine-toi qu'il n'y a pas de cave sombre en bas, mais un endroit incroyablement beau où tu te sens en sécurité. C'est toi qui choisis ton endroit. »

« Un endroit agréable? Et est-ce que ça peut être n'importe où? » demande Margot.

« Bien sûr, dans la forêt, ou dans un pré plein de fleurs, ou dans une belle chambre de conte de fées. À toi de choisir! »

Margot réfléchit un instant. Puis elle dit : « J'ai trouvé mon endroit. Sur la plage, près de la mer. »

« Bien, dit P'tit Chat. Maintenant, imagine-toi que tu es sur cette plage. Avec le sable sous tes pieds et le vent dans tes cheveux. Tu le ressens? »

Margot approuve. Elle peut vraiment le sentir.

« Regarde autour de toi, dit P'tit Chat. Donc, tu vois tout alentour. Chaque image et chaque relief, chaque nuage dans le ciel et chaque vague. Tu peux alors garder cet espace dans ta mémoire. Et, chaque fois qu'il y aura quelque chose qui te fera sentir moins bien, tu te dirigeras vers ce point imaginaire dans ta tête. Dans ta bulle qui te protège de tout. Qu'est-ce que tu ressens? »

« Ça fait du bien, dit Margot. **Je me sens rassurée. »**

Puis elle sent comment le petit chien a grimpé sur ses genoux.

« Charlie peut-il aussi venir dans ma bulle imaginaire? » demande-t-elle.

« Bien sûr, il peut. Chaque endroit est encore plus beau avec un chien. »

La méditation, c'est bon pour... **calmer l'agitation**

Chers parents,

Bienvenue dans le troisième chapitre de notre aventure méditative où nous suivons les enfants dans leur exploration du bonheur et de l'apaisement après une journée trépidante. Cette fois-ci, nous utilisons la méditation pour les aider à ressentir et à apprécier pleinement leur joie intérieure.

L'excitation des enfants

Les enfants arrivent de l'extérieur, imprégnés d'excitation et d'une énergie débordante. Oubliant les consignes des parents de retirer leurs manteaux et leurs chaussures, la maison se transforme rapidement en un terrain de jeu improvisé. Qui n'a pas connu cette situation en essayant de calmer ce petit monde tout à sa joie d'avoir partagé un si excitant moment de jeu ?

L'intervention apaisante de la méditation

Le chat, observant le chaos joyeux des enfants, décide d'intervenir pour canaliser cette énergie. Il invite les enfants à se détendre et à ressentir pleinement leur bonheur. Prenant place entre les enfants, il les guide vers un état de calme intérieur.

La méditation du papillon heureux

L'exercice encourage les enfants à se connecter avec leur joie en utilisant l'image d'un papillon heureux virevoltant çà et là. À travers une méditation douce, les enfants ferment les yeux et imaginent le papillon se déplaçant délicatement sur leur corps, apportant une sensation diffuse de chaleur et de chatouillement.

L'exploration des sensations

Les enfants sont invités à explorer les sensations corporelles du bonheur. Ils décrivent la chaleur et le chatouillement ressentis dans leur corps, qui accompagnent cette émotion positive. Cette exploration sensorielle montre aux enfants comment ressentir et apprécier pleinement les émotions positives qui émanent de leur propre expérience.

L'expansion de la sensation d'apaisement

Durant cet exercice, on guide le papillon imaginaire vers le haut du corps des enfants, diffusant la sensation d'apaisement dans chaque partie de leur être. De leurs orteils à leur tête, les enfants ressentent un calme intérieur profond et apaisant.

La réalité de la méditation

Cette histoire démontre le pouvoir réel de la méditation pour calmer l'agitation et favoriser le ressenti d'un sentiment agréable. L'exercice enseigne aux enfants que, comme le papillon, le bonheur peut se répandre à travers le corps et apporter une détente bienvenue.

Des études scientifiques récentes confirment les bienfaits de la méditation en ce qui concerne la régulation émotionnelle. Ces recherches soulignent l'impact positif de la méditation sur le bien-être émotionnel des enfants, les aidant à gérer l'agitation et à cultiver des émotions positives.

La méditation dans la vie de tous les jours

• Apprenez à vos enfants à utiliser la méditation pour gérer les émotions fortes, comme l'agitation après une journée animée.

• Encouragez-les à cultiver des pensées positives à travers des méditations axées sur la joie et le bonheur.

• Intégrez la méditation dans les routines quotidiennes pour aider vos enfants à développer des habitudes apaisantes : par exemple fixer un moment de méditation...

• En suivant ces conseils, vous pouvez intégrer facilement la méditation dans la vie quotidienne de vos enfants pour les aider à développer des compétences d'adaptation émotionnelle et à cultiver un sentiment agréable intérieur.

• Continuez à suivre cette aventure méditative avec vos enfants et préparez-vous à découvrir ensemble les nombreux bienfaits que la méditation peut apporter à leur bien-être émotionnel.

Vers une connexion avec nos émotions!

Un sentiment agréable

Margot et Louis déboulent en bondissant dans le couloir. Ils arrivent du parc et sont tellement pressés de rentrer qu'ils oublient d'enlever leurs manteaux et leurs chaussures sales. Le couloir est couvert de feuilles et de traces de boue.

« Est-ce que vous allez retirer vos chaussures et manteaux? » rappelle maman.

Mais les enfants ne l'entendent pas. Louis fait un saut périlleux sur le tapis et manque de peu une lampe, tandis que Margot danse sur le canapé. Charlie tourne autour d'eux frénétiquement.

« Miaou miaou, dit P'tit Chat. **Quel plaisir!** »

« Oh oui, souffle Louis. Nous sommes allés au parc avec papa. C'était trop bien! On s'est éclatés sur tous les jeux. Et en plus, après, papa nous a aussi offert une glace! »

Margot confirme. « Je suis montée sur le toboggan le plus haut! » Elle peut encore sentir les frissons dans son ventre. **« Oui, je l'ai fait. Oui, oui! »** Elle saute aussi haut qu'elle peut, puis s'écroule dans le fauteuil.

« C'est bien », dit P'tit Chat. Prudemment, il se glisse entre les enfants et Charlie. Puis il pose doucement une patte sur le front de Louis et Margot. « Allonge-toi juste là un moment. **Où exactement ressens-tu cette joie?** »

« Partout », répond Louis immédiatement.

« Dans mon estomac, dit Margot en riant. Et dans mes oreilles. »

Le chat hoche la tête. « Hum. Et qu'est-ce que ça fait? »

Les enfants doivent y réfléchir.

« C'est chaud », dit Louis.

Margot est d'accord. « Oui, et ça chatouille un peu. »

« En effet. Le bonheur peut ressembler à un chatouillement chaleureux », explique P'tit Chat. C'est comme un papillon qui se balade doucement sur ton corps. Ferme les yeux et imagine que ce papillon est assis sur tes orteils. Tu le ressens? »

Les enfants font un grand *oui* de la tête. Ils sentent les petites pattes douces du papillon qui se baladent sur leurs orteils. Et ils sentent aussi le vent léger de ses ailes qui battent.

« Maintenant, le papillon heureux monte dans le ciel », dit P'tit Chat. À partir de vos jambes et de vos genoux. Et il monte encore plus haut, jusqu'à ce qu'il soit sur votre ventre. »

Les enfants ressentent les sensations. Ils ressentent un calme intérieur, Charlie non. Il chasse son papillon invisible.

« Le papillon ne s'arrête pas à ton ventre, dit P'tit Chat. Il continue d'aller de plus en plus loin, vers ton visage. Sur ta bouche et ton nez, et puis sur ton front. Jusqu'au sommet de ta tête. »

Et c'est exactement comme cela que Margot et Louis le ressentent. La douce sensation d'apaisement se répand maintenant dans tout leur corps.

De leurs orteils à leur tête. Et tout le reste.

Comme c'est agréable.

La méditation, c'est bon pour... **le moral**

Chers parents,

Bienvenue dans le quatrième chapitre de notre aventure méditative où l'enfant explore une déception enfantine commune : la casse d'un jouet. Dans cette histoire, la méditation guide votre enfant à travers une série d'exercices pour surmonter la tristesse et retrouver le goût de la joie.

Le sentiment de déception

L'enfant est désemparé et éclate en sanglots devant un jouet brisé. Sa sœur, témoin de sa détresse, tente du mieux qu'elle peut de le réconforter.

L'intervention apaisante de la méditation

La méditation guide l'enfant à travers un exercice de pleine conscience pour calmer ses émotions tumultueuses. En se concentrant sur la respiration et l'exploration sensorielle, votre enfant commence à retrouver son calme intérieur. La respiration l'aide à revenir au moment présent...

La respiration et les bulles de savon

La méditation encourage votre enfant à prendre de profondes respirations et à imaginer souffler des bulles de savon lorsqu'il expire. Cette technique simple mais efficace aide votre enfant à se détendre et à détourner son attention de la tristesse initiale.

L'exploration sensorielle

La méditation guide votre enfant à travers une série d'exercices sensoriels. Cela peut consister dans le fait de nommer et de toucher des objets, d'écouter différents sons : à chaque action, votre enfant redirige son attention vers le moment présent. Ces exercices contribuent à apaiser ses émotions et à créer une distance entre lui et la déception initiale ressentie.

Comment introduire la pleine conscience en cas de déception

Lorsque vos enfants font face à des déceptions, guidez-les à travers des exercices de respiration et de pleine conscience pour les aider à dépasser ce sentiment de frustration.

• Explorer les sensations : encouragez les enfants à explorer leurs sensations à travers des exercices tactiles, auditifs, visuels, olfactifs et gustatifs pour créer un ancrage dans le moment présent.

• Trouver le positif dans le négatif : aidez vos enfants à considérer différemment la situation vécue en les invitant à identifier quelque chose de positif, même dans des situations décevantes, tout en restant ouvert et attentif à ce qui a pu leur causer du chagrin.

Des études scientifiques ont montré que la méditation de pleine conscience peut jouer un rôle crucial dans la gestion des émotions et la promotion du bien-être émotionnel chez les enfants. Ces pratiques les aident à développer des compétences d'adaptation et à cultiver la résilience émotionnelle qui leur sera utile tout au long de leur vie.

• Continuez à suivre cette aventure méditative avec vos enfants en explorant ensemble les diverses façons dont la méditation peut apporter de la joie et du bien-être émotionnel.

À la découverte des saveurs de la méditation et de la résilience émotionnelle !

Le goût de la pâte à tartiner au chocolat

Vroom. Vroom. Le camion de pompiers roule d'avant en arrière sur le tapis et autour du lit. De plus en plus rapidement, Margot le pousse à travers la chambre. C'est important parce qu'il y a une maison en feu.

Si le camion ne roule pas assez vite, il sera peut-être trop tard pour éteindre l'incendie.

Mais les choses tournent mal. Soudain, une roue arrière casse. Margot est contrariée. Elle essaie de remettre la roue en place. Elle pousse et la tourne dans tous les sens, la tord et frappe, mais ça n'aide pas. Et puis la deuxième roue arrière se détache à son tour.

Oh non! Le beau camion de pompiers. Elle venait de l'avoir.

Margot fond en **larmes**.

Le chien ne comprend pas. Avec prudence, il prend le camion et le pose sur les genoux de Margot. Puis il lui donne un coup de langue en remuant la queue. Mais Margot continue de pleurer. Maintenant Charlie aussi est triste. Il pleurniche avec elle.

P'tit Chat entre dans la pièce. « Pourquoi pleures-tu? »

Le chien ne sait pas. Mais Margot, oui. **« Mon nouveau jouet est cassé »**, sanglote-t-elle.

« Je comprends, c'est dommage, dit P'tit Chat. Mais ne t'inquiète pas. On va d'abord se calmer. »

P'tit Chat s'assoit à côté de Margot. « Prends une profonde respiration. Lorsque tu expires, fait semblant de souffler des bulles de savon. Très doucement. »

Margot fait exactement ce que dit P'tit Chat. Et puis encore et encore. Elle ne sanglote plus et peut presque voir les bulles de savon sortir de sa bouche. « Est-ce que je le fais bien? » demande-t-elle.

« Très bien, répond le chat. Regarde autour de toi maintenant. **Peux-tu nommer cinq choses avec lesquelles tu aimes jouer?** »

Margot peut certainement le faire. « Ma licorne en peluche, mes crayons, ma poupée et mon train. Et la boîte à blocs. »

« Bien joué. **Maintenant, tu peux toucher quatre choses**. »

Margot passe ses doigts sur le tapis. Et puis sur ses chaussons, sur le pied de table et sur Charlie. Il se met aussitôt sur le dos pour se faire caresser.

« D'accord, dit P'tit Chat. **Maintenant, tu dois essayer d'entendre trois sons différents.** »

Cela fonctionne aussi. Margot entend le chant des oiseaux, l'aspirateur et le chien essoufflé. Elle se sent à nouveau heureuse et pense de moins en moins au camion de pompiers cassé.

« Peux-tu aussi sentir deux choses? » demande P'tit Chat.

Margot lève le nez et renifle. Elle sent la soupe. Et avec un peu d'effort aussi le savon qu'elle a utilisé pour se laver les mains.

« Génial, dit P'tit Chat. Et maintenant le plus dur : **quel goût as-tu dans la bouche? »**

Margot ne trouve pas cela difficile du tout. Elle a presque oublié son chagrin causé par l'incident du camion de pompiers. Mais elle sait exactement quel goût elle a : une délicieuse tartine au chocolat pour le petit déjeuner. Maintenant allons trouver de l'aide pour réparer le camion de pompier.

La méditation, c'est bon pour… **avoir confiance en soi**

Chers parents,

Dans ce cinquième chapitre, votre enfant explore le pouvoir de la méditation qui aide à développer sa confiance en soi. Ce pouvoir est illustré à travers l'histoire d'un enfant qui se prépare mentalement pour un événement qu'il redoute et qui le rend anxieux. La méditation se révèle comme une superpuissance, offrant à votre enfant un moyen de se tranquilliser et de se concentrer.

L'appréhension

L'enfant est aux prises avec une anxiété palpable à l'approche d'un cours (dans l'histoire, un cours de gymnastique). La peur de l'échec le submerge. Il se tourne vers le chat, expert en méditation, pour obtenir de l'aide et trouver une solution à son anxiété grandissante.

La proposition apaisante de la méditation

L'exercice introduit l'idée que la respiration et la visualisation peuvent être des outils puissants pour surmonter l'appréhension. Les enfants se joignent à cette séance de méditation impromptue, apprenant à canaliser leur respiration pour atteindre un état de calme.

La respiration comme superpuissance

La pratique méditative invite l'enfant à fermer les yeux, à se concentrer sur son souffle et à imaginer une plume blanche qui monte et descend avec chaque inspiration et chaque expiration. Cette expérience simple mais significative lui offre un moment de tranquillité intérieure.

La visualisation pour la confiance en soi

L'exercice l'encourage ensuite à imaginer et à visualiser le succès. À travers cette visualisation de l'action à faire réussie, il s'entraîne mentalement, stimulant sa confiance en lui. La méditation devient ainsi un outil pour développer la mémoire musculaire et mentale, renforçant la conviction de l'enfant qu'il peut réussir.

L'acceptation de l'incertain

Cet exercice de méditation souligne l'importance de se sentir bien, indépendamment du résultat final. La méditation devient un moyen d'accepter l'incertitude et de se concentrer sur le bien-être émotionnel plutôt que sur la réussite externe. L'enfant comprend que l'essentiel est de se sentir bien, et le reste suivra naturellement.

Moins d'anxiété

Des recherches suggèrent que la méditation de pleine conscience peut améliorer la confiance en soi et réduire l'anxiété *via* une meilleure connaissance de soi. La pratique régulière de la méditation offre des avantages psychologiques certains, en renforçant la résilience émotionnelle et la perception positive de soi. Cet entraînement peut être bénéfique tout au long de la vie scolaire de l'enfant… et bien au-delà.

Conseils pour la vie quotidienne

• Intégrez la méditation dans les défis quotidiens : encouragez vos enfants à utiliser la méditation comme outil pour développer leur confiance en soi, surtout lorsqu'ils sont confrontés à des défis ou des moments d'appréhension.

• Pratiquez la respiration calme : apprenez à vos enfants des techniques de respiration calme pour les aider à se tranquilliser dans des situations stressantes.

• Pratiquez la visualisation positive : guidez-les dans des exercices de visualisation positive pour renforcer leur confiance en eux et leur capacité à surmonter les obstacles.

• Continuez cette aventure méditative avec vos enfants, en explorant ensemble les différentes façons dont la méditation peut devenir une superpuissance pour la confiance en soi dans les situations de la vie quotidienne.

À la découverte du pouvoir de la méditation
et de la confiance intérieure!

La superpuissance

Louis est assis par terre contre le mur de sa chambre. Il a l'air bizarre. Ses cheveux sont décoiffés, il a des taches rouges sur le cou et il se ronge les ongles. De temps en temps, il secoue sauvagement la tête.

« Que se passe-t-il? » demande P'tit Chat.

« Je ne sais pas quoi faire, dit-il. Demain, j'ai un cours de gymnastique, je voudrais faire **le poirier**. Pour avoir des points en plus. »

« Oui? »

« Mais je ne peux pas. Je n'ai jamais réussi. Je ne peux pas tenir sur mes bras. »

« Pourquoi ça te dérange autant? » demande P'tit Chat.

« J'ai peur de me faire mal. Et je ne veux pas un zéro en cours de gymnastique! Tu dois m'aider, P'tit Chat. Ça me donne mal au ventre! »

« Je comprends et j'ai une idée pour toi. Ta respiration peut t'aider ainsi que des exercices de visualisation où tu t'imagines faire le poirier et réussir. »

« Ma respiration et de la visualisation? » Louis est très surpris.

« Ouais, dit P'tit Chat. Je vais te montrer comment. Assieds-toi simplement sur une chaise et pose tes mains sur tes genoux. »

Juste à ce moment, Margot entre avec P'tit Chien.

« Est-ce qu'on peut le faire avec vous? » demande-t-elle.

« **Bien sûr!** Tout le monde est le bienvenu, dit P'tit Chat. Sais-tu que ta respiration est une sorte de **superpuissance**? Respirer calmement aide à se calmer et à se concentrer? Ferme les yeux et inspire et expire profondément. »

Les enfants font ce que P'tit Chat demande. La pièce devient silencieuse.

« Bien joué. Continue simplement à respirer, dit P'tit Chat. **Où sens-tu le mieux ta respiration dans ton corps?** Cela pourrait être dans ton ventre, ou dans ton nez, ou dans ta gorge. Ou à différents endroits en même temps. »

Les enfants pensent à leur souffle. Et où ils le sentent. Comme c'est merveilleux de ne penser qu'à ça.

« Imagine-toi maintenant que tu as **une plume** devant toi, dit P'tit Chat. Une jolie plume blanche. À chaque respiration, elle monte et descend doucement. » Louis et Margot voient la plume monter et descendre. Le chien la voit aussi. **« Ça chatouille! »** Ça le fait éternuer et tout le monde rit.

« Maintenant, imagine que tu réussisses la position du poirier. Tu vois et ressens toutes les étapes et les sensations physiques. Tes muscles et ton corps ont une mémoire. Entraîne-la. Tu te sens mieux maintenant, Louis? » demande P'tit Chat.

« Oui, dit Louis. **Avec mon super-souffle, je peux tout gérer**. »

Il hésite un instant. « Penses-tu que ma respiration m'aidera à faire mon poirier demain? »

« Je ne sais pas, dit P'tit Chat. Mais ce n'est pas le principal, n'est-ce pas? Il s'agit de se sentir bien et le reste viendra. » Louis est d'accord. Tout ira bien, il le sait déjà.

La méditation, c'est bon pour... **trouver le sommeil**

Chers parents,

Bienvenue dans cette sixième histoire. Elle fera découvrir à votre enfant le pouvoir apaisant de la méditation afin de faciliter son endormissement. La méditation devient une technique relaxante, qui guide les enfants vers un état de détente propice au repos nocturne réparateur.

Le défi quotidien du coucher

Dans l'histoire, les enfants se retrouvent confrontés à l'insomnie, frustrés de ne pas réussir à s'endormir malgré la fatigue apparente. C'est une situation courante que les parents connaissent bien.

L'intervention apaisante de la méditation

Le chat, professeur de méditation, toujours présent pour guider les enfants, leur rappelle l'importance du sommeil pour profiter pleinement des aventures du lendemain. Il propose une technique de méditation simple à appliquer pour les aider à se détendre et à trouver le sommeil.

La technique de contraction et de détente

Le chat guide Margot et Louis dans un exercice de contraction et de détente musculaire. Les enfants apprennent à tendre puis à relâcher différents groupes de muscles, créant une sensation de relâchement et de détente dans tout le corps.

La méditation comme voyage imaginaire

Ensuite, l'exercice les guide dans une méditation visuelle, les invitant à se comporter comme des étoiles de mer flottant dans l'océan. Cette image apaisante les transporte dans un monde imaginaire, ce qui favorise un état de relaxation propice au sommeil.

La conclusion sereine

Peu après que l'enfant s'est émerveillé de la beauté de l'image méditative, il s'endort paisiblement, illustrant le succès de la méditation pour faciliter l'endormissement et créer une transition tranquille vers la nuit.

Des recherches ont révélé que la méditation, en particulier celle de pleine conscience, pouvait améliorer la qualité du sommeil. Les techniques de relaxation, telles que la contraction et la détente musculaire, contribuent à réduire l'anxiété et à favoriser un sommeil réparateur.

Conseils pratiques pour les parents

• Instaurez une routine relaxante : intégrez des exercices de méditation ou de relaxation dans la routine du coucher pour favoriser un sommeil paisible.

• Créez un environnement propice au sommeil : assurez-vous que la chambre de votre enfant est calme, sombre et confortable, à bonne température (entre 16 et 18 °C), pour optimiser les conditions de sommeil.

- Encouragez la créativité imaginaire : utilisez des images apaisantes et des histoires méditatives pour stimuler l'imagination de votre enfant et faciliter la transition vers le sommeil.

- Continuez à explorer les bienfaits de la méditation avec vos enfants et à créer un rituel apaisant pour des nuits reposantes.

Vers un sommeil serein et de doux rêves!

Comme une étoile de mer

Margot se tourne et se retourne dans son lit. Elle se tourne et se retourne encore, mais elle n'arrive pas à trouver le sommeil.

Au bout d'un moment, elle en a marre. Elle se rend sur la pointe des pieds dans la chambre de son grand frère. Louis est assis dans son lit et lit un livre. Le chien ronfle à ses pieds.

« Je n'arrive pas à m'endormir », dit Margot.

« Moi non plus. »

« Je ne me sens pas fatiguée du tout, se lamente-t-elle. Il y a encore tellement de choses amusantes que j'aimerais faire plutôt que de dormir. »

Louis a le même sentiment. « C'est pareil pour moi. Et chaque fois que je suis sur le point de m'endormir, je pense à quelque chose et je me réveille à nouveau. »

Soudain, ils voient deux petites lumières dans l'obscurité. Ce sont les yeux de P'tit Chat. Il s'allonge sur le rebord de la fenêtre. « Vous savez qu'il n'y aura pas beaucoup de plaisir à avoir demain si vous restez éveillés toute la nuit, n'est-ce pas? » dit-il.

Oui, ils sont d'accord. Mais ils ne peuvent pas dormir.

« Tsss, apaise P'tit Chat. Dormir est peut-être le meilleur choix qui soit. Regarde Charlie, même lui peut le faire. »

Le chien remue la queue pendant une seconde lorsqu'il entend son nom. Mais ensuite il se rendort.

« Tu n'as pas un exercice qu'on peut faire pour nous aider à dormir, **P'tit Chat?** »

« Bien sûr, on va contracter et détendre nos muscles. »

« Hein? demande Margot. C'est quoi ça? »

« Tends tes muscles. Ils sont maintenant tout durs, explique P'tit Chat. Et quand tu les détends, ils se ramollissent à nouveau. Essaie. On va commencer par les yeux. Serre très fort tes paupières. Et puis tu lâches prise. Sens-tu la différence? »

Les enfants la ressentent. **Tendus puis détendus, ils le ressentent.**

« Bien joué. Maintenant, tu peux faire la même chose avec ta bouche, ton front et même ton nez. Après ça, tu descends plus bas, jusqu'aux orteils. »

Les enfants font ce que dit P'tit Chat, jusqu'à ce que tous les muscles de leur corps soient détendus.

Margot bâille. Elle commence à se sentir un peu fatiguée.

Ensuite, P'tit Chat les fait s'allonger sur le dos, les bras et les jambes grands ouverts.

« Comme une étoile de mer, dit-il. Au milieu de l'océan. Tu n'as rien à faire. Tu flottes doucement d'avant en arrière avec les vagues. Regarde autour de toi. Il y a plein de poissons. De toutes les couleurs. Des hippocampes et des anémones. Et des crabes et des coraux. »

« **Comme c'est beau**, soupire Louis. Tu trouves aussi, Margot? »

Mais Margot dort déjà.

La méditation, c'est bon pour… **développer son attention**

Chers parents,

Bienvenue dans cette septième histoire. Les enfants vont y découvrir comment la méditation peut les aider à développer leur attention, à maîtriser leurs pensées incessantes et toutes les questions qui tournent en rond dans leur tête.

La métaphore de la machine à penser

On utilise ici une métaphore explicite pour décrire la pensée incessante de l'enfant comme une « machine à penser » qui tourne sans fin dans son cerveau. Cette image aide les enfants à comprendre le concept de pensées incessantes qui occupent leur esprit.

La proposition d'une heure de réflexion

Dans l'exercice, P'tit Chat, la voix de la sagesse, suggère à Margot d'organiser une « heure de réflexion » quotidienne à un moment précis de la journée pendant lequel elle peut librement poser toutes les questions qui lui viennent à l'esprit. En encadrant le flux constant de pensées, cette approche permet de l'aborder de manière structurée.

Le processus de réflexion comme une enquête

On encourage l'enfant à traiter ses questions comme un détective. Elle doit réfléchir soigneusement à ses interrogations, rassembler des preuves, enquêter et trouver des réponses, parfois avec l'aide d'un autre enfant ou d'un adulte.

Des études suggèrent que la méditation peut améliorer la concentration et la capacité à contrôler les pensées errantes. L'idée d'organiser une « heure de réflexion » est inspirée des approches de méditation formelle qui structurent le temps de pratique.

Introduire la méditation structurée

• Encouragez vos enfants à prendre quelques minutes chaque jour pour méditer ou réfléchir de manière structurée.

• Favorisez leur curiosité et leur goût pour l'investigation : vous pouvez stimuler l'esprit curieux de vos enfants en les encourageant à poser des questions et à explorer activement différentes hypothèses pour trouver des réponses.

• Créez un carnet de questions : incitez-les à tenir un journal où ils écrivent leurs questions et leurs découvertes ; cette activité les aidera à développer leur réflexion comme ils mèneraient une enquête, sous une forme ludique et stimulante.

• Continuez à cultiver la curiosité de vos enfants tout en leur enseignant des compétences de concentration et de réflexion.

Vers des esprits vifs et curieux!

La machine à penser

Margot est assise sur le rebord de la fenêtre. Elle appuie son nez contre la vitre.

« Dis, P'tit Chat. Pourquoi l'herbe est-elle verte et le ciel bleu? »

Juste au moment où P'tit Chat est sur le point de répondre, Margot pose **une autre question.**

« Et pourquoi les roses sont-elles rouges? Comme les tulipes. Et les pommes et les tomates et les fraises. Et le soleil qui se couche. Alors qu'ils ont tous un goût différent. »

Louis rit. **« Comment sais-tu quel goût a le soleil? »** demande-t-il.

« Je sais quel goût ont les roses, dit Margot. Et c'est vraiment différent des fraises ou des tomates. Les roses ont le goût de parfum. Et tout le reste n'a le goût de rien. Tout comme les pierres et l'eau, elles n'ont pas non plus de goût. Mais les vers de terre, eux, ont mauvais goût. »

« Des vers de terre? Tu as déjà mangé des vers de terre? » Louis fait une grande grimace.

« Bien sûr que non. Je ne suis pas idiote, répond-elle. Pourquoi devrais-je manger des vers de terre si je trouve qu'ils ont mauvais goût? Je ne mange pas non plus de chou-fleur. Ni de salade, ni de nourriture pour chien. »

« Ouaf, ouaf », Charlie bondit et aboie.

Margot soupire. « **Pfff. J'ai l'impression que ma tête est pleine de questions, P'tit Chat. Toute pleine.** Quand je commence à penser, je ne peux pas m'arrêter. »

Le chat hoche la tête. Il comprend exactement ce que Margot veut dire.

« **Il y a comme une machine à penser dans ta tête,** dit-il. Ça tourne, **tourne et tourne** jusqu'à ce que ça te rende **fou.** Parfois, il faut l'éteindre. »

« Ahhhh, c'est facile à dire. Mais comment faire? » s'interroge Margot.

« On peut organiser une **heure de réflexion**, dit P'tit Chat. Tous les jours à 5 heures de l'après-midi, par exemple. À ce moment, tu peux te poser autant de questions que tu veux. Mais à d'autres moments, tu vas éteindre ta petite machine à penser. Penses-tu que c'est une bonne idée? »

Margot trouve que oui. « Et est-ce que je vais aussi avoir une réponse à mes questions? » demande-t-elle.

« Peut-être, dit P'tit Chat. Mais parfois, tu devras trouver la réponse par toi-même. Je suis certain que tu en es capable. »

« Oh, oui, dit Margot. **Comme un détective! »**

« Exactement. Tout d'abord, réfléchis bien à ta question. Parce que, bien sûr, tu veux poser une bonne question qui est importante pour toi. Puis tu peux chercher la réponse. Pour cela, tu vas rassembler des preuves et enquêter sur plein de choses. Tu peux les écrire ou demander à Louis de le faire. Cela va déjà t'amener très loin dans tes recherches. »

Margot est d'accord. Elle trouve que c'est fantastique.

« Ma première question a déjà été résolue. Comment arrêter la machine à penser? Je suis une détective fantastique, dit-elle en riant. Quelle heure est-il, P'tit Chat? »

« 5 heures et demie, répond-il. Pourquoi? »

« Alors j'ai une demi-heure, répond-elle, pour trouver une bonne question pour demain. »

La méditation, c'est bon pour...

soulager les petits bobos

Chers parents,

Bienvenue dans cette huitième histoire. On y apprend comment la méditation peut aider à atténuer la douleur par l'utilisation de l'imagerie mentale et de la visualisation. L'enfant, après s'être blessé, découvre comment transformer la douleur en une métaphore, une « boule de feu », et utiliser la méditation pour la soulager.

L'utilisation de l'imagerie mentale

Dans l'exercice, l'enfant est encouragé à imaginer que la douleur peut être représentée par un objet (ici une « boule de feu »). Cette visualisation lui permet de donner une forme à sa douleur, de la matérialiser et de la rendre ainsi plus gérable en réduisant son impact.

La taille et la couleur de la boule de feu

Il décrit la boule de feu comme étant énorme et rouge vif. Cette métaphore visuelle permet à l'enfant de communiquer sa douleur de manière créative.

La stratégie de la méditation

L'exercice guide l'enfant dans l'utilisation de la méditation pour réduire la taille de la « boule de feu ». L'image de l'eau (ici une lance à eau des pompiers) est utilisée pour représenter l'action de soulager la douleur. L'effet est parfois immédiat, la douleur diminue à mesure que la boule de feu s'éteint. L'histoire souligne comment la visualisation créative peut être une technique puissante pour gérer les petits bobos.

Des recherches suggèrent que la méditation et la visualisation peuvent aider à atténuer la perception de la douleur en modifiant les réponses du cerveau.

Comment apaiser les petites tensions

• Encouragez vos enfants à utiliser leur imagination pour transformer la douleur en images, ce qui peut rendre l'expérience plus tangible et gérable.

• Intégrez de l'humour dans le processus de méditation pour rendre l'expérience plus légère et amusante.

• Enseignez à vos enfants comment la méditation peut devenir un outil régulier qui leur sera d'une grande aide pour gérer la douleur et le stress.

Vers une imagination apaisée!

Éteindre une boule de feu

« Aaaaah! »

Un grand cri résonne dans la maison. Margot, Charlie et P'tit Chat sursautent et lèvent la tête de leur jeu de société. C'était quoi ça?

Ça vient de la cuisine! Ils s'y précipitent aussitôt.

Louis est assis à la table de la cuisine. Dans une main, il tient une pomme, tandis que son autre main est pressée contre sa joue. Il a les larmes aux yeux.

« Qu'est ce qui se passe? » demande P'tit Chat.

« Je me suis mordu… la langue gggg… », sanglote Louis. Il parle un peu bizarrement.

« Montre-moi », dit P'tit Chat.

Louis ouvre la bouche. Margot et Charlie regardent par-dessus l'épaule de P'tit Chat. Aïe, aïe, aïe! Le bout de la langue de Louis est **rouge vif** et très enflé. Margot ferme les yeux. Elle sait à quel point ça peut faire mal. Elle peut presque le sentir elle-même. Le chien lèche délicatement le genou de Louis.

« Tu n'as pas l'air très bien en effet, dit P'tit Chat. Mais ne t'inquiète pas. **Je peux t'aider**. »

Margot hoche la tête. Le chat peut toujours aider. Même avec une langue gonflée et écarlate.

« Si la douleur dans ta langue était un objet, ce serait quoi? » demande P'tit Chat.

Louis n'a pas besoin d'y penser longtemps.

« **Une boule de feu**, balbutie-t-il. Une très grosse! »

« De quelle taille? » demande Margot.

« Horriblement grosse. Aussi grande que la cuisine. Non, comme toute la maison! » répond Louis.

« **Waouh**, soupire sa sœur. C'est gros. »

« Et de quelle couleur est-elle, cette boule de feu? » demande P'tit Chat.

« **Rouge**. Et parfois aussi orange et un peu jaune. » Il sanglote. « Mais surtout très rouge. »

« Penses-tu que tu peux essayer de réduire la taille de cette boule de feu? »

Louis hausse les épaules. Comment rendre une boule de feu plus petite?

« C'est sûr que tu peux, dit P'tit Chat. Tu vas d'abord t'assurer que le feu ne brûle plus ta langue, que la douleur s'en va. Tu dois ensuite te débarrasser de cette boule de feu. Comment vas-tu faire? »

« Jette-la dans les toilettes, crie Margot. Vite, vite! »

Charlie saute à nouveau comme un fou. Quel jeu amusant !

Mais Louis reste assis et ferme les yeux. Il secoue la tête. « Non, dit-il doucement. Je vais prendre un très gros tuyau d'arrosage. Ou mieux : la lance à eau des pompiers. Et je vais mettre plein plein d'eau sur ma boule de feu. »

« C'est une excellente idée, dit P'tit Chat. Fais-le... dans ta tête. Prends ce gros tuyau et dirige-le vers la boule de feu. »

C'est exactement ce que fait Louis. Dans sa tête, il arrose toute la boule de feu.

Pssssssht.

La boule de feu crépite et devient de plus en plus petite.

Jusqu'à ce qu'il ne reste plus rien. La douleur est partie avec.

La méditation, c'est bon pour… **être bien avec les autres**

Chers parents,

Bienvenue dans cette dernière histoire, où nous explorons comment la méditation peut favoriser des relations harmonieuses entre les enfants, en mettant l'accent sur la collaboration plutôt que sur les disputes.

La dispute entre enfants

L'enfant veut jouer avec le jouet d'un autre – son frère, sa sœur ou un autre enfant –, déclenchant une dispute. Cette situation classique peut trouver une issue sereine. Plutôt que de se battre pour le jouet, l'exercice encourage les enfants à jouer ensemble.

L'imagination au service de la collaboration

Les enfants imaginent un autre jeu où le jouet prend un rôle différent. En imaginant ce nouveau scénario avec le jouet convoité, ils coopèrent et s'amusent.

Les émotions positives de la collaboration

L'exercice guide les enfants pour leur permettre de réfléchir aux différences émotionnelles entre se disputer et jouer ensemble ou collaborer. En explorant ce qu'ils ressentent dans leur corps, les enfants notent une respiration rapide, des maux de ventre et une sensation de contraction pendant les disputes, tandis que la collaboration leur apporte une sensation de douceur et de légèreté.

Ils prennent conscience des émotions qui les traversent et seront plus à même de les reconnaître la prochaine fois et de rechercher celles qui leur apportent un bien-être.

Les préférences pour les émotions positives

Les enfants concluent qu'ils préfèrent les émotions positives, douces et agréables résultant de la collaboration.

Les recherches montrent que la méditation de pleine conscience peut améliorer les compétences sociales, la compassion et la compréhension émotionnelle.

Comment favoriser les émotions positives

• Enseignez la collaboration : encouragez vos enfants à partager et à collaborer plutôt qu'à se disputer pour les jouets.

• Explorez les émotions : aidez vos enfants à reconnaître et à comprendre leurs émotions pendant les conflits et les moments de coopération.

• Utilisez les jeux créatifs : favorisez les jeux imaginatifs qui impliquent la collaboration pour renforcer les liens entre les enfants.

• Continuez à promouvoir des relations saines et positives entre vos enfants en mettant l'accent sur la collaboration.

Vers des moments de jeu pacifiques!

La course

Margot tend la main. Ses yeux s'enflamment.

« C'est mon robot, Louis! »

« Mais tu es en train de lire un livre, lui répond-il. Alors je peux quand même jouer avec? »

« Non! » Margot tape du pied sur le sol. « J'ai fini de lire. Et maintenant, je veux jouer avec le robot. Tout de suite! »

Elle prend le jouet par une jambe et essaie de l'arracher des mains de son frère. Mais Louis ne lâche pas. Ils **crient** et **tirent** tous les deux aussi fort qu'ils le peuvent. Le robot craque déjà un peu. Les enfants font un tel bruit qu'ils n'entendent et ne voient plus rien. Le chien saute autour d'eux et aboie fort.

« Eh bien, eh bien », dit P'tit Chat. Il se lèche la patte. « **Ce pauvre robot va bientôt finir en deux morceaux**. Alors plus personne ne pourra jouer avec. »

Louis et Margot ont l'air perplexe. Ils ne veulent pas casser le robot. Ils le tiennent encore tous les deux chacun par une jambe, mais ils ont arrêté de tirer dessus.

« C'est mieux, dit P'tit Chat avec satisfaction. **Vous pouvez aussi jouer ensemble avec le robot**. C'est chouette de jouer à deux, non? »

Les enfants sont dubitatifs. Puis Louis hoche la tête.

« Tu veux jouer avec le robot, Margot? »

Il le demande si gentiment que Margot ne peut pas s'empêcher de dire : « Oui. »

Ils s'imaginent un chouette jeu ensemble. Le robot est un cavalier et Charlie son cheval. Ils vont chercher d'autres jouets et font une course. C'est super. Bientôt, ils ont oublié qu'ils se sont disputés.

« Qu'est-ce **que ça fait de jouer ensemble?** » demande P'tit Chat quelques instants plus tard.

« J'aime bien », dit Louis.

« C'est plus amusant que de jouer seule », rigole sa sœur.

« Et qu'est-ce que ça fait d'être gentil et de collaborer les uns avec les autres? » demande P'tit Chat.

« Ça fait chaud au cœur, dit Margot sur un ton très sérieux. C'est mieux que de se disputer! »

« Heureusement, dit P'tit Chat. Est-ce que tu peux me dire quelle est la différence? Qu'est-ce que tu ressens exactement? »

Margot réfléchit. **« Quand on se dispute, je respire plus vite et j'ai mal au ventre. »**

« Moi aussi, dit Louis. Comme si je venais de courir très vite. Vite, vite, comme le robot-cavalier dans notre jeu de course. Et je ressens aussi que mon corps est tout contracté. »

« Oui! crie Margot. Comme s'il y avait des trucs durs dedans! Mais quand on joue ensemble et qu'on est sympa, tout redevient doux. »

« Et qu'est-ce que tu préfères? demande P'tit Chat. **Dur ou doux?** »

« Doux, bien sûr! » répondent les enfants à l'unisson. Et puis ils jouent encore une demi-heure. Jusqu'au dîner, sans combat. Et ensuite au lit!

Que ces neuf histoires de méditation
apportent à vos enfants des moments
de douceur, de découverte intérieure
et de complicité, renforçant ainsi
les liens qui les unissent à vous
et au monde qui les entoure.

Avec bienveillance,

Vanessa et Steven Laureys

Qui sont les auteurs?

Vanessa Charland-Laureys a 41 ans, elle est psychologue (diplômée de l'Université de Montréal en 2010), docteur en sciences médicales (Université de Liège, 2016) et travaille comme neuropsychologue et instructrice de méditation pour enfants (Academy for Mindful Teaching, Paris, 2020) dans les écoles primaires du Québec. Vanessa a fait du bénévolat en Haïti, aux États-Unis et au Canada pour des projets sociaux destinés aux enfants dans le besoin. Elle a travaillé comme scientifique, neuropsychologue et responsable d'unité de psychologie clinique au CHU de Liège, en Belgique.

Steven Laureys a 54 ans et est médecin (diplômé de l'Université de Bruxelles en 1993), spécialisé en neurologie (1998) et reconnu internationalement comme neuroscientifique et expert de l'étude de la conscience humaine. Il est directeur de l'unité de recherche GIGA Consciousness (Université de Liège) et professeur au centre de recherche sur le cerveau CERVO (Université Laval) au Canada. Le professeur Laureys a reçu de nombreux prix prestigieux, notamment de l'Académie européenne de neurologie, de l'American Society of Cognitive Neurosciences, le prix Francqui et le prix Generet de la Fondation Roi Baudouin. Steven est membre de l'Académie royale de médecine et a publié plus de cinq cents articles scientifiques sur le fonctionnement de l'esprit humain. Il est aussi très apprécié par les médias comme vulgarisateur scientifique et comme conférencier pour des écoles et entreprises.

Vanessa et Steven sont mariés et forment une famille avec leurs deux enfants Louis (6 ans) et Margot (4 ans) et les trois enfants aînés de Steven, Matias (18 ans), Hugo (22 ans) et Clara (24 ans) depuis dix ans. La méditation et la pleine conscience ont prouvé leur utilité dans leur quotidien. Ensemble, ils sont la source d'inspiration pratique de ce livre.

Cliff Laureys a 43 ans et est illustrateur et dessinateur d'animation (Haute école Erasmus RITS 2001). En 2003, il a reçu le prix CANVAS pour son court métrage d'animation *L'arbre qui donne*. Il est connu pour ses personnages de jeux vidéo de Larian Studios (Gand).

Ouvrages du Dr Steven Laureys

Chez Odile Jacob

Le Sommeil, c'est bon pour le cerveau, 2023.

Méditer avec le Dr Steven Laureys. Carnet d'exercices de méditation, 2021.

La Méditation, c'est bon pour le cerveau, 2019.

Un si brillant cerveau. Les états limites de conscience, 2013.

Chez Hachette

Cerveaugraphie. Comprendre le cerveau en 100 dessins, 2022.

Ouvrage proposé par Laurent Cohen

Inscrivez-vous à notre newsletter !

Vous serez ainsi régulièrement informé(e)
de nos nouvelles parutions et de nos actualités :

https://www.odilejacob.fr/newsletter

Conception graphique et mise en pages : Claire Rouyer

N° d'édition : 4150-0671-X
N° d'impression : 96670
Dépôt légal : avril 2024

Imprimé en Belgique
par SNEL - www.snel.be